AF265659

ÉTUDE

SUR

BOURSAULT

I.

En choisissant Boursault pour sujet de cette étude parmi les
écrivains qui, à des titres divers, intéressent notre histoire lo-
cale, je n'ai pas eu le moins du monde l'idée de m'élever en sa
faveur contre l'opinion reçue. Boursault n'a pas à se plaindre
de la postérité. De son vivant, il eut, malgré ses mécomptes,
des partisans et des admirateurs. Boileau, son plus redoutable
ennemi, finit par s'adoucir au point d'effacer son nom des sa-
tyres, ce qu'il n'a pas fait pour Quinault lui-même, et Saint-
Evremont parle de la comédie d'Esope à la ville avec une bien-
veillance qu'on peut trouver excessive. Plus tard, Voltaire, il est
vrai, dressant la liste des personnages célèbres du grand siècle,
lui consacre trois ou quatre lignes dédaigneuses, et, se taisant
sur l'auteur du *Mercure galant*, renvoie l'auteur des lettres
d'amour à l'admiration des provinciaux. Mais un mot de Mon-
tesquieu a protégé la mémoire de ce poète contre cet arrêt som-
maire. Je me souviens, dit-il (1), qu'en sortant d'une pièce inti-

---

(1) Pensées sur divers sujets.

tulée *Esope à la cour*, je fus si pénétré du désir d'être plus honnête homme, que je ne sache pas avoir formé une résolution plus forte. Enfin, Laharpe a écrit quelques pages remplies d'une sympathie visible pour cet homme d'esprit qui, doué d'une volonté persévérante, se forma tout seul, corrigea son style et, ce qui vaut mieux, s'attira par la loyauté de son caractère des amitiés constantes et d'illustres appuis. Sa place est donc marquée, bien qu'à un rang modeste, dans l'histoire des lettres, et s'il est de ceux qu'on nomme et qu'on ne lit guère, il faut reconnaître que la critique s'est exercée plus d'une fois sur des œuvres qui ne valent pas les siennes. En revanche, il serait puéril de s'exagérer son mérite. Avec tout son esprit, Boursault n'a jamais été bien maître de sa plume, et l'insuffisance de ses études donne un caractère de légèreté superficielle et de frivolité à des œuvres où la verve facile et coulante ne rachète pas toujours la pauvreté du fond. Mais ce qui nous attire à lui, c'est d'abord l'époque où il a vécu. Il s'est trouvé mêlé, pendant la dernière période du xviie siècle, à des événements littéraires où figurent les noms les plus illustres. Il a vu l'astre de Molière à son apogée, celui de Corneille à son déclin. Il a vu La Fontaine, Boileau, Racine, Bossuet dans tout l'éclat de leur gloire. Il s'est entretenu avec ce que la cour avait de plus grand ; il a été un moment le gazetier, c'est-à-dire l'amuseur en titre des seigneurs et des princes. Enfin, il a lu le *Télémaque* en cachette. Ce qui nous attire encore à lui, c'est, plus que son talent, la singularité de sa destinée. Il arrive à Paris encore enfant, très-ignorant, lui-même se plaît à le répéter, et s'il faut en croire des biographes, il fait jouer sa première pièce à l'âge de quinze ans. Il y a certainement là de quoi nous étonner. Aujourd'hui, un ignorant, s'il est intelligent et laborieux, a mille moyens de s'instruire, et sans peine il peut, par la presse, essayer de se faire un nom. Nous avons eu jadis nos officiers de fortune, aujourd'hui nous avons des écrivains de fortune qui gagnent leurs grades en pleine mêlée, sous les yeux de tous. Mais vers 1650, comment se faire jour à travers cette foule de poètes faméliques qui encombrent les antichambres des grands, offrant un madrigal ou un sonnet en échange du pain de chaque jour ? Il y a longtemps, dit quelque part Boursault, que je rôde autour du Parnasse, à supposer qu'il ne me soit jamais arrivé d'y monter. Cela lui arriva en effet, et de

bonne heure il sut prendre une assez forte position dans la redoutable forteresse. Sans doute, cette rapidité de succès lui suscita
des envieux, et lui-même put un instant se faire illusion sur ses
talents. Mais jamais il ne permit à la bonne fortune de lui gâter
le cœur, et fut toujours soutenu par une élévation de sentiments qui souvent éleva son style bien au-dessus du médiocre.
Voilà pourquoi j'ai cru qu'il ne serait pas sans intérêt d'indi-
quer les principaux traits de son caractère, d'après ses pièces
et surtout les trois volumes de lettres qn'il nous a laissés.

II

Il naquit à Mussy-l'Evêque en 1638, un an avant Racine, auquel il devait survivre, et deux ans après la première représentation du *Cid*, dont l'auteur, par la suite, lui voulut beaucoup
de bien. Ma mère, dit-il, n'est jamais sortie de son pays. Mon
père qui, pour s'enrichir, fut longtemps guerrier, rôda partout
et plus dans la Franche-Comté qu'ailleurs. Sans doute, ce guerrier ignorant ne s'inquiéta guère de donner aux siens plus de
savoir qu'il n'en avait, et Boursault aurait eu le droit de s'é-
crier comme M. Jourdain : Oh ! mon père et ma mère, que je
vous veux de mal ! Plus tard, lui-même comprit mieux ses devoirs ; il plaça l'un de ses fils, le plus distingué, chez les Théa-
tins, et les lettres qu'il lui adresse sont pleines d'une tendresse
très-vive et très-éclairée. C'est en 1651 qu'il vint à Paris chercher fortune, aussi pauvre d'argent que de science. Mais bientôt, nous le voyons secrétaire des commandements de la duchesse d'Angoulême. Elle était femme d'un fils naturel de
Charles IX, qui, après une longue détention pour crime de cons-
piration sous Henri IV, se distingua, sous Louis XIII, dans les
campagnes d'Allemagne et de Flandre. La duchesse, qui vit
quatre rois passer sur le trône de France, comptait, dit son
protégé, encore plus de vertus que d'années. Il lui dut beaucoup sans doute. Toutefois, dès cette époque, il se montra
avant tout poète et homme de lettres, reçu dans les grands
hôtels, bien accueilli de ce que la cour et la ville avaient de
considérable ; tantôt à Chantilly, chez Condé, tantôt à Paris,
chez le président Perrault. Une grande vivacité d'esprit, une
gaieté piquante dont l'étude n'avait pas altéré la saveur bour-

guignonne, une singulière facilité de parole et de phrases, et
avec tout cela un fond sérieux d'honneur et de franchise multi-
plièrent promptement ses relations. La mode était alors aux
gazettes littéraires, et Boursault semblait propre au rôle délicat
d'amuser de graves personnages. Il était d'abord gazetier de
vocation. Veut-on connaître, par un témoignage contemporain,
ce qu'était, en partie du moins, cette profession très-enviée?
« On s'instruit de cent choses qu'il faut savoir de nécessité et qui
sont de l'essence du bel esprit. On apprend par-là chaque jour
les petites nouvelles galantes, les jolis commerces de prose et
de vers. On sait à point nommé : un tel a composé la plus jolie
pièce du monde sur un tel sujet, une telle a fait des paroles sur
un tel air, un tel écrivit hier au soir un sixain à Mlle une telle,
dont elle lui a envoyé la réponse ce matin sur les huit heures...
C'est là ce qui vous fait valoir dans les compagnies, et si l'on
ignore ces choses, je ne donnerais pas un clou de tout l'esprit
qu'on peut avoir. » — Qui parle ainsi? Madelon, dans les *Précieuses ridicules*. Voilà, si l'on y ajoute les louanges officielles,
les devoirs du poète amuseur. Le secrétaire de la duchesse
d'Angoulême semblait fait pour saisir au vol la nouvelle de
cour, le bon mot de la journée, le dernier sonnet répété de
ruelle en ruelle, ou rimer lui-même des rimes plus ou moins
ingénieuses ; dans ce style précieux et maniéré si cher au petit
salon bleu d'Arthémise, et dont les traces se retrouvent trop
souvent chez lui-même. Ce serait un tort de voir dans Boursault un grave financier qui n'aurait regardé la poésie que
comme un petit talent propre à lui ménager des entrées dans
les bonnes maisons. Il ne fut jamais heureux, nous le verrons
bientôt, dans les postes officiels. A peine a-t-il reçu quelque
faveur, que lui-même s'en prive par sa maladresse. Il était de
ceux qui n'entendent rien à l'art, parfois difficile, de garder sa
place. Mais, avec l'insouciance de ses pareils, il s'en console
vite et en rit le premier. Pourtant, cette insouciance, il s'en
corrige en vieillissant. Il y a deux époques bien marquées dans
sa vie. La première nous le montre très-affairé, très-répandu,
fort occupé de fêtes, de voyages, de petits vers et d'aventures
galantes. C'est le temps de ses premières pièces, du *Médecin
volant*, des *Nicandres*, de ses premiers romans et des *Lettres
à Babet*. C'est le temps aussi de ses fameux démêlés avec Molière et avec Boileau. Il a la verve, l'entrain, la bonne humeur,

et aussi la naïve présomption de la jeunesse, et ne s'inquiète guère du lendemain. Dans la seconde époque, fixé à Montluçon, venant toujours plus rarement à Paris, plus recueilli, plus sédentaire, attentif à sa maison, préoccupé de l'avenir de ses enfants, plus que jamais attaché à la religion, tout son talent s'épure et ce qu'il écrit respire une sorte de gravité pieuse, qui va parfois jusqu'à la tristesse. Même il devient sermonneur, sans gronder pourtant, ni affecter des airs pédantesques, mais en homme convaincu, dont la sagesse est expansive et s'insinue doucement dans l'âme du voisin. — Une lettre à la duchesse d'Angoulême peint au naturel le Boursault de la première époque. C'est la relation comique d'un voyage à Sens où l'appelaient les affaires de sa protectrice. Il s'embarque sur la Seine avec six pistoles pour ses frais de route. Sur le coche, il avise des joueurs qui lui en escamotent une bonne partie. Arrivé à Châtillon, il régale des récollets, si bien qu'il lui reste *quatre sols marqués* pour faire vingt-cinq lieues et quantité d'affaires toutes de conséquences, et toutes fort pressées. Il n'a plus qu'une ressource, c'est de vendre un bel habit de moire, précieusement serré dans sa valise, quand par bonheur il rencontre dans une hôtellerie de Melun des gens de M. Fouquet, qui se trouvait alors à Vaux. Aussitôt il se souvient d'un certain sonnet bien reçu, dix mois auparavant, par le surintendant, lui écrit une belle épître pour lui peindre sa détresse, et s'endort le cœur plein d'espérance et l'estomac vide. Le lendemain, dès le matin, il court à Vaux, et après avoir essuyé les rebuffades du portier, il rencontre La Forêt, écuyer de Fouquet, qui se charge de porter la lettre à son adresse. Ici, laissons-le parler luimême. « Au bout d'un demi-quart-d'heure, il vient me trouver dans une allée où je songeais à la perte que j'allais faire sur mon habit de moire, si j'étais obligé de le vendre à Melun, et m'ayant donné trente louis, il me fait la révérence, et me dit que M. Fouquet me remerciait. Je vous jure, Madame, que je fus si surpris d'une générosité si grande que depuis Vaux jusqu'à l'hôtellerie où j'avais laissé ma valise, je regardai pour le moins cent fois le présent que l'on me venait de faire. » — Fier de son trésor qu'il fait sonner dans sa main, il rentre dans le coche, et le voyage s'achève jusqu'à Sens. « Là, dit-il, je prendrai tant de soins des affaires que Votre Altesse me recommande, que si leur succès dépend de ma vigilance, vous devez être sûre de l'avoir aussi avantageux que vous le souhaitez. » Vraiment, il ne fallait pas moins que ces protestations pour que la duchesse comptât sur la diligence d'un tel intendant. Une autre lettre fait ressortir à merveille le contraste que j'indiquais tout-à-l'heure. Boursault, quand il l'écrivit, avait atteint la cinquantaine et depuis longtemps ne vendait plus des habits de moire. Mais, un soir, il se trouva fourvoyé dans un joyeux souper, en compagnie de jeunes étourdis de bonne maison, entre autres d'un neveu du grand Turenne. Là, on lui fait dire des vers de jeunesse, d'une liberté tout-à-fait gauloise. Ils ont tant de succès, qu'on en exige impérieusement copie. Rentré chez lui, Boursault se trouve dans un grand embarras. D'une part, sa conscience lui reproche d'avoir quelque peu oublié son caractère et son âge. Mais il sait aussi qu'une prière de César est un ordre, et pour le poète, César, c'est tout grand seigneur capable de faire un peu de bien ou beaucoup de mal : il enverra donc les vers, mais entre deux sermons, et croira tout racheter par ce compromis singulier : « Je n'ai jamais été débauché ni libertin; mais j'ai été jeune, et n'ayant jamais eu de grandes vertus, j'ai fait ce que j'ai pu pour ne pas avoir de grands vices. Voilà, Monseigneur, ce que je suis bien aise que vous sachiez, et ce que je ne suis pas fâché que tout le monde sache. » Et plus loin : « Ce n'est point, Monseigneur, en vous amusant à des bagatelles que vous nous rendrez le héros que nous avons perdu. C'est en marchant sur ses pas, et à qui cette gloire appartient-elle plus naturellement qu'à vous ? » On le voit, il n'a rien de commun avec cette société de beaux esprits sceptiques, comme Lafare, Chaulieu et d'autres, qui ont traversé le XVIIe siècle sans en partager les croyances, et ont vécu à part, en épicuriens peu scrupuleux sur le choix de leurs plaisirs. L'acteur Raisin, son grand ami, lui ayant demandé une scène de *Phaéton* pour la déclamer à souper devant MM. de Vendôme, Chaulieu et La Fare : « A quoi diable vous êtes-vous engagé, lui répond-il, et que pouviez-vous faire de pis contre moi, que de m'exposer à une critique si délicate ? » On sent qu'il n'est pas à son aise en présence de ces raffinés railleurs, et qu'il n'est jamais entré bien avant dans leur intimité.

Il faut, du reste, que sa vie n'ait rien eu de scandaleux, pour que Montausier et Louis XIV aient songé un instant à le nommer sous-précepteur du dauphin. Il eut raison de décliner cet honneur, à en juger par le livre qui, dit-on, plaisait tant à Louis XIV. *La véritable étude des souverains* n'est qu'une suite de lieux communs, reliés par des anecdotes anciennes et modernes. Rien qui rappelle, même de loin, le modeste, mais solide et charmant petit livre, qui plus tard fut l'un des titres de Fénelon à l'éducation du second dauphin. C'était assez pour Boursault, d'amuser la cour : encore y trouva-t-il, nous l'avons dit, bien des mécomptes. La première gazette qu'il rédigea eut un grand succès : le roi, la reine, la duchesse d'Orléans, le grand Condé, Mademoiselle y prenaient plaisir, et l'auteur touchait ou devait toucher une pension de 2,000 livres. Mais il eut le malheur de rimer une innocente plaisanterie sur la barbe d'un capucin. On effraya la conscience de la reine, et sans l'intervention de Condé, Boursault allait à la Bastille. Il en fut quitte pour la perte du privilége et de la pension, et s'en vengea par une épigramme terminée ainsi :

> J'en connais qui sont interdits
> De voir les saints du Paradis
> Déchaînés contre le Parnasse :
> Car, auguste sang de nos rois,
> Autrefois c'était saint Ignace,
> Et c'est aujourd'hui saint François.

Plus tard, il entreprit une seconde gazette, dédiée au duc de Bourgogne, sous le nom de la *Muse enjouée*. C'était le temps où Louis XIV songeait à faire la paix avec Guillaume d'Orange. Boursault, qui n'en savait rien, crut faire acte d'orthodoxie en se moquant de l'ennemi de la France. C'en fut assez pour lui attirer une seconde, mais légère disgrâce. Le chancelier Boucherat lui ayant retiré son privilége, sans lui en dire les motifs, il écrivit à la duchesse d'Angoulême : Vous voulez bien, Madame, puisque le chancelier reprend ce qu'il donne, que je ne tienne pas ce que je promets, et il fait l'analyse de sa première gazette, bien innocente à coup sûr. Mais il s'en tient là, et ne rima plus guère de nouvelles que pour Condé, et surtout pour l'évêque de Langres, son protecteur : car on peut appeler gazettes ces longues lettres en prose et en vers qui, parmi des bagatelles, renferment nombre de choses intéressantes. Dès lors c'est du côté du théâtre qu'il tourna tous ses efforts, et c'est là qu'il recueillit des succès les plus légitimes et les plus brillants.

III

Nous ne savons pas au juste quand ni comment Boursault devint receveur des fermes à Montluçon. Ce qu'on peut affirmer, c'est qu'il fut un médiocre financier. D'abord, la poésie dut prendre une notable partie de son temps, et ses meilleures pièces, celles qu'il a le plus travaillées, datent de cette époque. Et puis, il fallait vraiment un cœur d'airain pour lever, sans faiblir, des tailles souvent écrasantes, et ne point s'attendrir à la vue de certaines misères. Quoi de plus triste que cet impôt du sel, auquel la vente forcée, c'est-à-dire l'obligation pour chacun de renouveler, bon gré mal gré, sa provision à des époques déterminées, donnait tous les caractères de l'exaction la plus odieuse ? Qu'on ajoute à tout cela les procès et les châtiments infligés aux *faux-saulniers* qui allaient en fraude acheter du sel à bon marché dans *les pays rédimés,* et l'on concevra ce que devait souffrir un honnête homme, condamné à pareille tâche. Aussi Boursault fut-il révoqué. Lui-même nous l'apprend par une lettre à M. Bernard, intéressé dans les fermes du roi, lettre curieuse à bien des titres, et que, malgré sa longueur, je me reprocherais de passer sous silence :

« Je me souviens qu'autrefois, moi indigne, étant employé à
» une recette considérable (d'où je fus révoqué parce que je n'é-
» tais pas assez méchant), j'écrivis à M. Lejariel, fermier général,
» qui me fit réponse à la marge de ma lettre, d'un style aussi
» laconique qu'on en ait jamais vu. Vous en douteriez peut-
» être, si vous n'étiez pas convaincu par vos propres yeux. »

RÉPONSE.

De Paris, le 1er juil-
let 1688.

« De Montluçon, ce 24 juin 1688.

                    » Monsieur,

» Las d'entendre les huissiers et les gardes que j'envoye au recouvrement des sels prêtés dans toutes les paroisses de cette élection, crier que ce n'est que pauvreté et misère, j'ai voulu m'en éclaircir moi-même, et depuis quinze jours que je vais de village en village, je n'ai pas disposé d'un moment que je n'aye employé à la sûreté de vos intérêts. Je vous jure que j'ai vu encore pis que ce qu'on m'a dit, et qu'à moins d'avoir la bonté de faciliter vous-même à de misérables débiteurs les moyens de vous payer, vous êtes en danger de tout perdre. Eh ! que voulez-vous que des huissiers exécutent chez de pauvres gens qui couchent sur un peu de paille, et qui boivent de l'eau dans une cruche égueulée ? Et comment feront-ils pour payer des frais, s'ils ont tant de peine à payer le principal ? J'attends qu'ils aient recueilli quelque grain, vendu quelques agneaux, enfin fait de l'argent de quelque denrée, et je remarque que moins je fais de frais, plus la recette grossit. — J'écrivis la semaine passée à la compagnie, et lui mandai qu'il y avait ici deux faux-sauniers, pris en récidive. Je les ai fait condamner à l'amende prescrite par l'ordonnance, payable dans le mois ; autrement, l'amende convertie en la peine des galères. Ils ont chacun leurs pères, qui sont des paysans solvables et bien domiciliés, qui s'obligent sur les mêmes peines à payer l'amende à quoi ils sont condamnés, dans trois mois. Vous aurez la bonté de me mander ce qu'il plaît à la compagnie que je fasse. — On en prit encore un hier matin, mais que je crois non plus faux-saunier que moi. C'est un pauvre diable d'environ 18 ou 20 ans, espèce de maçon qui allait chercher à travailler à Moulins, et qui apparemment acheta à peu près deux livres de sel en pays rédimé, où il est à bon marché, pour se faire au besoin un peu de potage. En vérité, je fais scrupule de le poursuivre ; à quelque faible amende qu'on le condamne, il lui est impossible de la payer, et faute de payement, il faudra qu'il ait le fouet par la main du bourreau. Je suis obligé, Monsieur, de vous représenter qu'il y a de la conscience à punir un pauvre garçon qui n'est pas coupable. Parlez, je vous en conjure, à la compagnie, et si elle ne veut point lui faire de grâce, dites-lui que je la supplie de donner la commission de poursuivre à quelque autre. Elle sait que je suis inflexible à l'égard des faux-sauniers, mais je ne veux point me reprocher que j'aie aidé à accabler un innocent ; d'autant plus que je ne me croirais plus digne d'être, etc. »

« Ne faut-il pas, Monsieur, ajoute Boursault, être un grand
» génie, et avoir une grande équité, pour faire une semblable
» réponse ? Cependant l'or et l'argent se remuent à la pelle
» chez lui, et je n'en ai point : ce sont deux endroits par où la
» fortune est également coupable. Aimez-moi toujours et je se-
» rai plus heureux que lui, car il a tout au moins quatre-vingts
» ans, tout au moins deux millions de biens, et il songe à en
» amasser encore. »

De l'argent.

De l'argent dans le mois.

Coupable ou non, il faut qu'il paye l'amende, ou qu'il soit fustigé. —Nous n'aimons pas les commis si pitoyables.

Je vous recommande toujours la diligence pour le recouvrement, et suis, Monsieur, tout à vous.

Voilà, sans doute, la plus belle lettre de Boursault, et le plus noble témoignage qu'il nous ait laissé de lui-même. Voilà ce qui explique la haine vigoureuse pour les malhonnêtes gens enrichis, qui éclate presque à chaque page de ses derniers ouvrages. Nous retrouvons M. Lejariel dans le *Mercure galant,* sous le nom de M. Longuemain. Nous le retrouvons dans *Phaéton,* parmi ces vieillards réunis au fond des enfers, et se plaignant amèrement d'avoir été frappés de mort subite, comme si la mort pouvait surprendre personne à quatre-vingts ans. Ah ! si Boursault avait vécu quelques années de plus, il aurait applaudi des deux mains le chef-d'œuvre comique de Lesage, qui, lui aussi, fut employé quelque temps dans les finances, en Bretagne, et M. Turcaret l'aurait vengé de M. Lejariel ! Du moins, lorsqu'en 1701, il s'éteignit dans cette même ville de Montluçon, entre les bras de son fils le théatin, auquel il avait voulu faire sa dernière confession, le souvenir de cette lettre et de cette révocation dut lui revenir à l'esprit et rassurer sa conscience au moment suprême !

Je ne sais s'il resta dans les finances, et y trouva quelque emploi qui répugnât moins à son caractère, mais à coup sûr, il ne fut jamais riche et dut plus d'une fois loger le diable dans sa bourse. Peut-être même a-t-il voulu parler de lui dans l'épigramme suivante, à mon sens, la meilleure qu'il ait faite :

> Un auteur de théâtre expert, mais indigent
>   (Cela n'est pas une merveille)
>   Allant un jour, faute d'argent,
>   Vendre les œuvres de Corneille,
> Un ami qui le vit inquiet et rêveur :
> Quel chagrin, lui dit-il, me faites-vous paraître?
> On en aurait à moins, lui répondit l'auteur :
> Je ressemble à Judas, je vais vendre mon maître.

« Son nom, dit-il, ne m'échappera jamais. S'il fallait le deviner, peut-être me devinerait-on plutôt que lui; je ne suis pas mieux avec la fortune, et hors le mérite, ce portrait me ressemblerait assez. » En effet, il eut toujours pour Corneille une admiration pieuse, et le plaçait au-dessus de Racine. Il ne voyait pas ses défauts, puisqu'il admire Attila, mais les hautes et sublimes pensées de l'auteur de *Polyeucte* trouvaient un écho dans son âme généreuse.

Il a même rencontré parfois des accents vraiment Cornéliens; par exemple, dans la tragédie de *Marie Stuart,* pièce mal ac-

cueillie d'ailleurs, parce qu'elle est mal conduite et que les caractères y sont outrés jusqu'au ridicule. Il s'y trouve un certain
Norfolk, séduit par la beauté et les malheurs de la reine d'Ecosse, dont le rôle ne manque ni de fierté, ni de noblesse. Il
ose dire à Elisabeth :

> On vous trompe, Madame : elle a l'âme trop belle ;
> Son plus austère juge est plus coupable qu'elle.
> Vous souffrez cependant qu'on l'envoye au trépas,
> Pour des crimes forgés, que vous ne croyez pas.
> A des pairs corrompus dont la vue épouvante,
> Vous livrez sans scrupule une reine innocente !
> Votre haine obstinée à finir ses destins
> Erige un tribunal d'un amas d'assassins.
> Il en est un Madame, où règne un autre juge,
> Qui donne à l'innocence un éternel refuge ;
> Le plus grand roi du monde y paraît sans appui
> Et s'il n'a des vertus, rien n'y parle pour lui.
> Comme il est de son Dieu la plus parfaite image,
> Dans ce degré sublime il lui doit davantage
> Et devient responsable, après tant de bienfaits,
> Et des crimes qu'il souffre, et de ceux qu'il a faits.

Dans la même scène, Elisabeth irritée de ce libre langage,
s'écrie :

> Tu serais le premier de ta race odieuse
> Qu'eût rendu mémorable une mort glorieuse :
> C'est sur un échafaud qu'ils ont cessé de vivre :
> Tu dégénèrerais en manquant à les suivre ;
> Et le remords vengeur qui suit la trahison
> Fut toujours insensible à ceux de ta maison.

NORFOLK.

> . . . .
> Mon père et mon aïeul, dont vous taisez les crimes,
> De leur religion volontaires victimes,
> Préférèrent les fers, la torture, la mort
> Aux appâts séducteurs dont on flattait leur sort.
> Voilà les grands forfaits dont ils furent coupables,
> Voilà les trahisons dont nous sommes capables.
> Voilà pour quel sujet le glaive d'un bourreau
> A privé mes ayeux des honneurs du tombeau.
> Qui voudrait d'aussi près examiner les choses
> Trouverait des proscrits pour de plus justes causes.
> Vous m'entendez....

Assurément ces vers sont beaux et dignes non d'un émule,
mais d'un élève de Corneille. Le public pourtant ne les applau-

dit point, et il fallut que le duc de Saint-Aignan vînt en aide au pauvre Boursault, en lui donnant ce que Molière appelle *des louanges monnayées :*

Malgré cette gêne, malgré ses travaux littéraires et la faiblesse de sa santé, il s'inquiétait toujours du sort de sa famille. — Il plaint sa femme d'avoir passé les plus beaux ans de sa vie sans mari, ou avec un mari enrhumé plus de dix mois de l'année. Après le grand succès d'*Esope à la ville*, il lui écrit : « Il s'en faut de cinq pistoles que nos deux parts ne montent déjà à mille écus. A vue de pays, elles iront à près de 4,000 livres, sans l'impression, et qui serait assuré de faire deux pièces par an avec le même bonheur, n'aurait guère besoin d'autre emploi. — Fais en sorte de garder un exemplaire pour toi, et sois persuadée que le plus grand plaisir que m'ait causé cet heureux succès, a été, par rapport à la part que tu voudrais bien y prendre. » De ses deux fils, l'un servit dans l'armée et l'autre devint un prédicateur estimé. Sa fille entra par vocation dans la vie religieuse. Il n'y eut là ni simple arrangement de famille, ni calcul d'économie. Il écrivait à son fils, encore novice : « Songez que vous n'avez fait aucun pacte avec Dieu, qu'il vous soit honteux de rompre. Consultez-vous bien et de bonne foi, pendant qu'il est encore temps. On peut ne pas avoir les vertus d'un religieux, et ne pas laisser d'être un honnête homme. Elles sont différentes, selon les différents endroits où elles se rencontrent naturellement. Mais elles cessent d'être vertus, quand elles sont contraires et hors de situation. — Surtout, mon fils, point de constance étudiée, ni de zèle affecté. »

Cette sincérité, lui-même l'apportait en toutes choses. Pendant qu'il travaillait en province à la comédie d'*Esope*, un bon curé fit difficulté de lui donner l'absolution, et voulut qu'il s'informât à de plus habiles gens s'il pouvait, en sûreté de conscience, faire représenter sa pièce. Il écrivit à un théatin, avec lequel il était lié, le père Caffaro, et en reçut une réponse favorable, écrite, paraît-il, en latin, et qu'il traduisit pour la placer, de son chef, à la tête d'une édition de ses œuvres publiées en 1694. — Ce fut l'origine d'une querelle célèbre. Le père Caffaro, s'inclinant devant l'autorité de Bossuet, s'empressa de se rétracter, et Boursault, dans une lettre à l'archevêque de Paris, tout en défendant sa cause avec beaucoup de mesure et de convenance, déclara hautement qu'il avait pris sur lui de donner au public l'avis du théologien. Et voilà comment un scrupule de conscience nous a valu les maximes et réflexions sur la comédie, qui ne sont que le développement à l'usage des fidèles de la lettre confidentielle écrite d'abord par Bossuet au père Caffaro. — Il est sincère aussi dans la part qu'il prend aux grandes infortunes, quand, par exemple, il écrit à Pellisson : « Quelle foule de gens suivaient M. Fouquet dans sa fortune, qui, dans sa disgrâce, n'ont pas fait semblant de le connaître, ou qui ne l'ont connu que pour rendre son malheur plus grand ! » Il est sincère enfin, lorsqu'il écrit à Montausier, après la mort de la célèbre Julie d'Angennes : « Vous n'ignorez pas, Monseigneur, que le poste où vous êtes demande un grand homme tout entier, et que la consolation que vous refuseriez peut-être si vous ne regardiez que vous seul, est un bien que vous êtes obligé de chercher vous-même pour l'intérêt du prince dont vous cultivez les jeunes ans, et des peuples qui auront l'honneur de lui obéir. » Et l'homme qui ne mentit jamais pour personne lui répond : « De quinze ou seize cents lettres qui m'ont été écrites sur la mort de madame de Montausier, je n'en ai point reçu, Monsieur, qui m'ait donné plus de consolation que la vôtre. » On le voit, dans ses hommages rendus au mérite, Boursault ne parle pas toujours en courtisan, ou en poète qui tend la main. Ainsi encore, quand il va visiter dans l'église des Capucines la tombe de Louvois, ouvrage de Girardon, il refait l'épitaphe, insuffisante à son gré, et insiste sur la bonne organisation des armées et la fondation des Invalides. Ce témoignage non suspect à l'égard d'un ministre mort valait mieux que tant de belles dédicaces où lui-même avait plus d'une fois accusé les vivants. Il s'en repentit, malgré l'excuse offerte par l'usage et l'exemple de tant d'autres. « Je ne vous cèle pas, Monsieur, dit-il à un de ses correspondants, que je suis las d'aider à déifier des gens qui croiraient leur argent mal employé, s'ils payaient l'apothéose qu'on leur donne.... Si vous m'alléguez que j'ai pratiqué ce que je condamne et que je n'ai point fait de méchants ouvrages que je n'aie dédiés à de grands seigneurs, je vous réponds que j'étais dans une erreur dont, grâce au ciel, j'ai fait abjuration. De cinq ou six auxquels je me suis adressé, je n'en sais que deux qui me fassent la grâce de me souffrir (sans doute Condé et le duc de Saint-Aignan), et pour ne plus fatiguer des héros de premier ordre, je veux m'en faire de tous les amis que j'ai, et rendre justice à leur mérite, pour reconnaître l'amitié dont ils m'honorent. » Sage, mais tardive résolution !

Quant aux louanges qu'il a prodiguées au roi, il n'a fait en cela que suivre le courant, et mêler sa voix mal assurée au concert qui, de toutes parts, montait vers le trône. Outre des sonnets et des bouts rimés, il composa pour Louis XIV une ode où l'on trouve ce vers étrange : « Toi, sous qui l'univers *a l'honneur* de trembler. » Ce mot me rappelle (qu'on veuille bien me passer le rapprochement) celui d'un professeur illustre, qui disait en faisant une expérience de chimie devant de très-grands personnages : « Ces gaz vont avoir l'honneur de se combiner devant vous. » Ainsi se trouve confirmée d'une manière inattendue la parole de Tacite sur l'adulation, qui a continué d'enchérir sur elle-même, et l'on pourrait appliquer aux flatteurs cette pensée pessimiste attribuée à M. de Talleyrand : « Ne dites pas d'un tel qu'il est le dernier des hommes, mais l'avant-dernier ; il ne faut décourager personne. »

Et pourtant, dans la pièce d'*Esope*, les comédiens n'osaient dire le fameux apologue des Membres et de l'Estomac, et certains vers contre la manie de la guerre et des conquêtes parurent assez hardis pour être supprimés à la représentation. Ainsi plus l'éclat du grand règne allait pâlissant, plus on redoutait de blesser des oreilles depuis longtemps gâtées par l'excès de la louange. Boursault nous en a laissé une preuve bien frappante. Il avait fait un quatrain pour mettre au bas d'un portrait du père de La Chaise, confesseur de Louis XIV, et cherchant une antithèse, il l'avait naturellement rencontrée dans l'humilité d'un souverain qui, voyant tout le monde à ses genoux, s'agenouillait lui-même aux pieds d'un prêtre. Le graveur, en lisant les vers, pâlit d'effroi, et s'écria qu'on voulait l'envoyer à la Bastille. Il croit sans doute, dit Boursault, que c'est le révérend père qui se prosterne aux pieds du roi. Ce trait, à pareille époque, est significatif.

En somme, tout en étant de son temps, Boursault, je crois l'avoir montré, nous révèle un caractère qui est bien à lui. Il avait commencé, comme la foule des mauvais écrivains, par montrer des prétentions très-peu justifiées, et s'était cru l'émule de Molière. Mais à mesure qu'il faisait mieux, il croyait moins bien faire, et voyait plus clairement ce qui lui manquait.

Je le sais, de toutes les modesties du monde, il n'en est pas
de plus suspecte que la modestie littéraire, et la plus humble
déclaration d'insuffisance de la part d'un écrivain cache bien
souvent cette *intrépidité de bonne opinion* dont parle Molière.
Il est tel avant-propos doucereux et contrit auquel on serait
tenté de préférer même les rodomontades d'un Scudéri qui,
comme le disait un jour M. Saint-Marc Girardin, traîne et fait
sonner son grand sabre dans toutes ses préfaces. Mais ce qui
porte à croire sincère la modestie de Boursault, j'entends de
Boursault vieilli, ce n'est pas l'aveu souvent répété de son
ignorance, où l'on pourrait voir une certaine coquetterie : c'est
son évidente intention d'amendement moral, et le contrôle sé-
vère que sa foi le force d'exercer sur lui-même. A ce point de
vue, sa modestie est une partie de sa religion. Si, malgré cela
encore, il se jugea lui-même avec ce degré d'indulgence dont
il nous est malaisé à tous de nous préserver entièrement, en
revanche, il apprit à ne pas être ravi de tout ce qu'enfantait sa
muse, et paraît s'être appliqué les sages et nobles conseils renfer-
més dans les plus beaux vers de l'art poétique. Il travailla toujours à corriger son style, se pénétra de Vaugelas, et rechercha
la pureté du langage, parfois même avec excès ; certaines de ses
opinions, par exemple sur l'art du prédicateur, sont exposées
dans ses lettres avec une fermeté de principes et une netteté
d'expressions singulières. On ne lui pardonne pas d'avoir écrit
des fables après La Fontaine et de s'être exposé à un parallèle
dont il a senti du reste tout le danger. C'est un malheur pour
lui de marcher à la tête de la nombreuse armée d'imitateurs
enrôlés sous la bannière d'un poète proclamé tant de fois ini-
mitable. Mais on lui sait gré de ne pas s'être présenté à l'Académie, dont plusieurs membres l'honoraient de leur amitié, et
d'avoir résisté aux instances de Thomas Corneille. Voilà le
point que je tenais à bien marquer, avant d'entrer dans le récit
de sa double querelle avec Molière et Boileau.

IV

Cette lutte inégale dont sa muse sortit toute meurtrie, et où
sa naturelle douceur fit place un moment au dépit du poète,
lui inspira deux forts médiocres ouvrages : *le Portrait du
Peintre* et *la Satire des Satires*. Entrons dans le détail de ces

débats, qui eurent alors assez de retentissement pour nous inté-
resser encore aujourd'hui. C'est une scène piquante de la
grande comédie donnée au public de tous les temps par la vanité littéraire.

Lorsque, en 1662, Molière fit jouer *l'Ecole des Femmes*, où
se révélait la profondeur de son génie, on vit se renouveler
avec presque autant d'éclat le tumulte soulevé, vingt-six ans
auparavant, par l'apparition du *Cid*. D'un côté, des transports
d'enthousiasme et de bruyants applaudissements, de l'autre des
huées, des cris d'indignation et des défis insultants, témoin le
comte des Broussin, auquel Boileau a fait allusion, et qui, fu-
rieux, sortit au second acte; témoin encore ce malheureux
Clapisson, bafoué par Molière, et qui disait tout haut, en haus-
sant les épaules : « Ris donc, parterre, ris donc. » C'est pour
faire justice de cet acharnement que, cinq mois après, Molière
fit jouer *la Critique de l'Ecole des Femmes*. C'est alors que
Boursault nous apparaît dans la coterie turbulente qui s'agite
autour du grand homme. Il se reconnut, dit-on, dans le per-
sonnage de Lysidas. Vraiment, je ne le puis croire. Lysidas est
un pédant hérissé de grec, intraitable sur les règles, ne parlant
que de protase, d'épitase et de péripétie. Boursault n'entendait
rien à ce jargon, et si on l'accueillait dans le monde, ce n'était
certes pas pour l'amour du grec. J'aime mieux croire qu'il
céda un peu à la vanité jalouse et beaucoup à des sollicitations
diverses. Molière avait pour ennemis les auteurs, les marquis
et les comédiens ; deux acteurs, de Villiers et Montfleury, firent
chacun une pièce pour défendre les uns et les autres. Quant à
Boursault, il voulut venger un peu tout le monde, surtout les
rivaux de Molière, les poètes dont ce nouveau venu éclipsait
la gloire, et, appuyé par la cabale, il se lança dans la mêlée,
armé d'un acte en vers que la postérité a quelque peine à lui
pardonner. Il avait pris à Molière le cadre et les personnages,
intervertissant les rôles, comme de juste, et opposant à la prose
vigoureuse du grand comique des vers boiteux et lourds. Faut-
il dire que ses critiques sont sans portée ? Mais son plus grand
tort c'est d'insinuer que l'on aura bientôt la clef de la critique,
et qu'ainsi les illustres personnages insultés par Molière seront
en mesure de se venger. Pardonnons-lui pourtant, d'avoir
ignoré, comme tant d'autres, que Molière, en écrivant cette
mordante et durable satire, au lieu de tracer des portraits,

créait des types et préparait les matériaux qui devaient servir un jour pour *les Précieuses ridicules* et *les Femmes savantes*. Il appartenait à Boileau de deviner Molière tout entier et d'armer déjà en sa faveur l'équitable avenir :

> En vain mille jaloux esprits,
> Molière, osent avec mépris,
> Censurer ton plus bel ouvrage ;
> Sa charmante naïveté
> S'en va pour jamais d'âge en âge,
> Divertir la postérité.

Mais Boursault, à peine âgé de vingt-quatre ans, Boursault, dont les premiers ouvrages, *les Cadenas*, *le Médecin volant*, *les Nicandres*, faibles imitations des théâtres étrangers, méritaient toutes les sévérités de la critique, Boursault enfin qui prenait Corneille pour guide, guide dangereux pour un goût peu sûr, Boursault a pu se tromper sans qu'il soit nécessaire de suspecter sa bonne foi. Plus tard, il a fait amende honorable et rendu à l'auteur du *Misanthrope* plus d'un éclatant hommage. Mais alors il n'était qu'un écolier, et cet écolier fut châtié rudement, trop rudement peut-être par le maître impatienté de tant de petites intrigues et de vaines criailleries. Voici comment il est traité dans l'*Impromptu de Versailles* :

MADEMOISELLE DE BRIE.

« Vous voulez bien, Mesdames, que nous vous donnions en passant la plus agréable nouvelle du monde. Voilà M. Lysidas qui vient de nous avertir qu'on a fait une pièce contre Molière, que les grands comédiens vont jouer.

MOLIÈRE.

« Il est vrai ; on me l'a voulu lire, et c'est un nommé Br... Brou... Brossaut qui l'a faite.

DU CROISY.

« Monsieur, elle est affichée sous le nom de Boursault ; mais, à vous dire le secret, bien des gens ont mis la main à cet ouvrage, et l'on en doit concevoir une assez haute attente. Comme tous les auteurs et tous les comédiens regardent Molière comme leur plus grand ennemi, nous nous sommes tous unis pour le desservir. Chacun de nous a donné un coup de pinceau à son portrait, mais nous nous sommes bien gardés d'y mettre nos noms. Il lui aurait été trop glorieux de succomber, aux yeux du monde, sous les efforts de tout le Parnasse ; et pour rendre sa défaite plus ignominieuse, nous avons voulu choisir tout exprès un auteur sans réputation. »

Le coup était rude. Comment répondit Boursault ? Par une préface amère, la seule qu'il ait écrite dans ce ton. « Pour moi, dit-il, je suis redevable à l'outrage qu'il a voulu me faire. Croire ma pièce digne de ceux qui sont accusés d'y avoir mis la main, c'est demeurer d'accord de son mérite, et toutes les injures qu'on me dit dans le galimatias que Molière appelle impromptu ne peuvent détruire la bonne opinion qu'il a fait concevoir de mes ouvrages. » — Hélas ! si Molière avait bien lu le *Portrait du Peintre,* peut-être n'aurait-il pas eu l'idée d'en attribuer l'honneur à d'autres qu'à Boursault. Quoi qu'il en soit, ce dernier dut se repentir plus d'une fois de cette escapade de jeunesse, dont les éditeurs de Molière allaient, d'âge en âge, perpétuer le souvenir. Mais nous devons à la justice d'être plus complet qu'eux. Boursault, heureusement, ne transformait pas les questions de vanité en questions d'honneur. Quand, au lieu de laisser le temps fermer les blessures faites à l'amour-propre, on se plaît à les entretenir et à les aviver ; quand le dépit tourne en haine implacable et tenace, on devient suspect de bien autre chose que d'un travers d'esprit. Mais notre poète ne connaît pas ces rancunes implacables. Son nom est resté en toutes lettres dans l'*Impromptu de Versailles;* il a subi ce châtiment sans se plaindre, et a su admirer Molière. Voici ce qu'il dit bien longtemps après, dans une lettre à sa femme, à propos d'*Esope à la Ville :* « Il y eut tant de monde à la quatrième représentation, et l'applaudissement fut si général, que nous fûmes au moins aussi contents des auditeurs qu'ils le furent de nous, et ce jour-là la pièce s'affermit si bien qu'elle n'a pas chancelé depuis. Quelques-uns disent qu'on n'a rien vu de si bon depuis Molière : mais je lui rends justice, et je me la rends aussi. C'est assez dire que je ne me laisse pas aller à la flatterie. » Cette justice due au maître, il la lui rend mieux encore dans des vers qui font honneur à son caractère et à son talent, et qui peuvent expier bien des torts :

La Renommée dit à Melpomène :

> Comme j'ai de Racine assuré la mémoire,
> Et placé son génie au Temple de la gloire,

J'offre les même soins aux esprits délicats
Qui dans la même route, iront d'un même pas.
Vois qui tu veux choisir pour marcher sur leurs traces.

MELPOMÈNE.

Le Ciel à peu de gens fait de pareilles grâces :
A peine en tout un siècle en voit-on deux ou trois
Dignes de ton suffrage, et digne de mon choix.
Depuis combien de temps la fidèle Thalie
Dans un lugubre deuil est-elle ensevelie,
Le front ceint de cyprès, les yeux baignés de pleurs,
Sans qu'un autre Molière apaise ses douleurs?
Dans les siècles passés, comme au temps où nous sommes,
La nature était lente à faire de grands hommes?

Passons au second procès : ici, Boileau fut l'agresseur. Boursault, avec son style incorrect et son inexpérience dramatique, ignorant les règles de la langue et celles du théâtre, et se jetant à corps perdu dans tous les raffinements de la métaphysique amoureuse, était une victime promise d'avance au fer de Calchas. Et puis, son nom sonore ornait à merveille un alexandrin, et pouvait alterner, pour la rime, avec *Hernault* ou *Quinaud*. Aussi le trouve-t-on dans les premières éditions des *Satires* et dans le troisième chant du *Lutrin,* en compagnie de Pradon, de Mauroy et de tant d'autres. Boursault s'en émut. Voici comment il fait parler Babet, l'héroïne de ses lettres d'amour : « La lecture des *Satires* de Despréaux, que tu m'envoyas hier matin, fut mon occupation d'hier au soir. Le pauvre M. Quinault, que j'aime de tout mon cœur, depuis que j'ai lu l'*Astrate,* y est traité misérablement. Perceval, de qui j'ai appris le latin que je sais, et qui est l'homme du monde qui épargne le plus la réputation de son prochain, vient de m'apprendre que les endroits que j'ai trouvés les plus jolis ne sont qu'un brigandage, et que si Juvénal était encore en vie, il lui ferait son procès, pour l'avoir pillé depuis la tête jusqu'aux pieds. Il m'a promis de me l'apporter tantôt, et si l'un de ces jours tu as quelques moments à perdre, comme tu n'es qu'un ignorant qui ne sait non plus de latin que moi d'hébreu, je te traduirai tous les endroits volés. » Il ne s'en tint pas là, et médita une pièce en un acte et en vers : c'est la *Satire des satires.* Boileau comptait bien des ennemis : l'attaquer, c'était plaire à beaucoup de gens. Boursault semble s'être proposé d'abord d'invoquer le témoignage de Gilles Boileau, frère du satirique, et membre de l'Académie. Les deux frères n'avaient pas toujours vécu en bonne intelligence, et dans la première édition de la IXe satire, on lisait un passage fort amer à propos de deux opuscules, la lettre à Costar, et l'avis à Ménage, qui tous deux étaient de Gilles Boileau. Mais on se réconcilia et les deux vers furent changés aux dépens de Saint-Germain et de La Serre. Gilles Boileau écrivit donc à Boursault pour le prier de ne pas compromettre son nom dans la querelle, et le poète offensé lui disait dans sa réponse : « M. de Corneille m'apprit hier que je vous ferais plaisir, Monsieur, de ne pas mêler votre nom dans la petite vengeance que je cherche à prendre de l'injure que m'a faite M. votre frère, et j'embrasse avec joie l'occasion que vous m'offrez de vous témoigner le respect que j'ai pour vous. Je vous envoie même les remarques que j'ai faites sur ses ouvrages, et vous prie, s'il m'est échappé quelque chose qui vous offense, ou *qui puisse l'offenser lui-même,* de me faire le plaisir de le rayer. Les Satires de M. D... ont fait un si grand fracas, et tant de personnes capables de juger des belles choses leur ont donné leur approbation, que je serais aussi emporté que lui, si le peu qu'on y remarque de faible me faisait condamner tout ce qu'il y a d'excellent. » Malgré la modération de ce langage, la pensée d'être traduit sur la scène alarma Boileau. En attaquant Boursault, il avait cédé, non pas comme l'a dit Brossette, au désir de complaire seulement à son ami Molière, mais au besoin de venger le goût et la langue outragés par un auteur médiocre. Mais alors, que devait-il craindre pour sa réputation d'un homme dont il estimait si peu le talent ? Il obtint pourtant un arrêt du parlement qui interdit la représentation annoncée déjà par des affiches. L'extrait de cet arrêt, placardé dans les rues de Paris, est conservé aux archives de l'Empire. On y lit qu'il est défendu aux comédiens, sous peine de punition corporelle et de 2000 livres d'amende, d'annoncer, d'afficher de nouveau et de jouer la pièce intitulée : *La Critique des Satires de M. Boileau,* qui est une pièce diffamatoire contre l'honneur, la personne et les ouvrages du suppliant, ce qui est directement contraire aux lois et ordonnances du Royaume, n'étant pas permis à des farceurs et comédiens de nommer les personnes connues et inconnues sur le théâtre. Ainsi Boileau, payant tribut cette fois à la faiblesse humaine, avait trouvé bon que Boursault fût nommé en toutes lettres dans l'*Impromptu de Versailles;* mais ne voulant qu'on usât de ce droit contre lui-même, il se souvint fort à propos qu'il avait un frère avocat au parlement. Et pourtant, que renferme-t-elle cette comédie, dont l'annonce était si grosse de menaces? Rien après tout qui puisse porter atteinte à l'honneur de Boileau. La conclusion dernière est qu'avec beaucoup de génie Despréaux manqua de modération, et que l'âge lui ouvrira les yeux sur les excès de sa vertu satirique. Certes, il n'y a pas là beaucoup de malice. Il n'y en a pas davantage dans la critique littéraire. Est-ce du fond même des satires que Boursault conteste le mérite? Reproche-t-il au poète de manquer de souffle et d'inspiration? Non, il prend la défense de Boyer, dont la Judith est célèbre par un épigramme de Racine. Il blâme l'auteur du *Festin ridicule* d'avoir fait servir un plat d'alouettes au mois de juin contre toute vraisemblance, et d'avoir dit que le bras de Louis XIV va, la foudre à la main, rétablir partout l'équité. C'est à ses yeux une singulière impertinence que de comparer Alexandre au grand roi, pour envoyer ensuite ce même Alexandre aux Petites-Maisons. Et voilà ce que frappait l'arrêt du parlement! Boursault se borna donc à publier sa pièce avec une préface qui ne manque ni de dignité ni de fermeté dans le style. C'est là qu'il développe ses meilleures raisons, et fait preuve d'un autre sentiment que d'une vulgaire envie. « J'avoue, dit-il, que la place qu'il prétend s'être acquise lui serait légitimement due, si l'on acquérait une véritable gloire à faire beaucoup de mauvais bruit... S'il est vrai que son génie soit si borné qu'il soit en pays perdu aussitôt qu'il est hors de la satire, je consens qu'il n'en sorte point. Mais il y a bien de la différence entre satiriser et médire, reprendre et injurier, condamner des fautes et en commettre. Attaquer les vices dans tous les hommes, et faire des peintures de leurs mœurs qui donnent de l'horreur à ceux qui, en faisant réflexion sur leur vie, s'en trouvent convaincus, c'est ce qu'on appelle une satire. Mais déclarer ceux d'un particulier, et décliner son nom pour le mieux faire connaître, c'est un libelle déclamatoire. » — En écrivant ces lignes, Boursault était sincère. Lui-même, dans ses dernières œuvres surtout, dans le *Mercure galant,* dans les *Fables d'Esope,* évita soigneusement toute allusion trop directe. Les passions des courtisans, les manœuvres des financiers, les prétentions nobiliaires des mar-

chands enrichis, les industries suspectes des charlatans aux
abois, et même la vénalité des juges, il a touché à tout dans
ses esquisses légères, mais parfois très-vivantes et très-gaies;
mais toujours il s'est borné aux traits les plus généraux. Sans
doute, Boileau n'en pouvait faire autant. La raison en est
simple : il était avant tout critique littéraire et devait chercher
le mauvais goût où il était, c'est-à-dire dans des œuvres très-
connues et très-favorisées de la mode. Mais aujourd'hui, nous
concevons à peine quelle profonde blessure faisaient à la réputation d'un homme et par suite à sa fortune, ces vers bien frappés, faciles à retenir, que la cour et la ville répétaient à l'envi.
S'il fallait en croire l'abbé d'Olivet (*Hist. de l'Acad. franç.*), un
de ces traits mordants aurait contribué, non moins que les
querelles du jansénisme, à troubler la cervelle du pauvre Cas-
sagne, mort à Saint-Lazare à l'âge de quarante-six ans. Dans
les auteurs impertinents, nous ne voyons plus que des types
ridicules, des personnages de comédie, Cotin ou Trissotin, c'est
tout un à nos yeux. Mais enfin, ces hommes ont vécu et ont eu
le droit de défendre leurs noms. On conçoit que les contempo-
rains, ceux du moins qui ne comprenaient pas le vrai rôle de Boileau, aient senti quelque pitié en faveur de ces victimes immo-
lées solennellement sur l'autel du goût. Sans doute le dieu a
regardé d'un œil plus favorable la muse française : mais l'hé-
catombe n'en fut pas moins terrible. Et d'ailleurs, n'est-on pas
étonné de voir Boileau effacer un nom et le remplacer par un
autre, écrire d'abord Mauroy avec Boursault, puis Pradon avec
Hernault, placer enfin dans un vers du *Lutrin* Boursault en
1674, Perrault en 1694, enfin Hernault en 1701 et dans les éditions suivantes? Cela ne rappelle-t-il pas un peu ces antiques
potences, où le dernier pendu restait jusqu'à ce qu'un autre
vînt prendre sa place ?

Quoi qu'il en soit, Boursault fut dépendu promptement. Sa
querelle avec Boileau se termina de la plus honorable façon, et
ce fut l'offensé qui fit les premiers pas. On sait qu'en passant
près de Bourbon, où Boileau prenait les eaux, il alla lui faire
ses offres de service. Boileau le raconte dans une lettre à Racine, écrite en 1687. Puis il ajoute : « Je voulus le retenir pour
le lendemain à dîner, mais il me dit qu'il était obligé de s'en
aller de grand matin. Ainsi, nous nous séparâmes amis à ou-
trance. » Cinq jours après, le malin Racine, dont notre poète

avait, par tendresse pour Corneille, attaqué le *Britannicus* dans la préface d'un de ses romans (*Arthémise et Polyauthe*), répond à son ami : « Les comédiens, qui vous font si peu de pitié, sont toujours sur le pavé, et je crains comme vous qu'ils ne soient obligés de s'aller établir près des vignes de M. votre père. Ce serait un digne théâtre pour les œuvres de M. Pradon, j'allais ajouter de M. Boursault ; mais je suis trop touché des honnêtetés que vous avez tout nouvellement reçues de lui. » Enfin, en 1700, Boileau écrit à Brossette ces mots souvent cités : « Venons à M. Boursault qui est, à mon sens, de tous les auteurs que j'ai critiqués, celui qui a le plus de mérite. » Comme poète, non : Quinault doit passer avant lui. Mais comme homme, il méritait à coup sûr cette réparation. C'est lui qui, dans une lettre à l'évêque de Langres, cite, à l'honneur du satyrique, deux traits charmants d'amitié chaleureuse et délicate, l'un en faveur de Corneille, menacé de perdre une pension de 2,000 livres ; l'autre en faveur du vieux et pauvre Patru, dont Boileau acheta la riche bibliothèque, qu'allaient saisir d'impitoyables créanciers, à la condition que Patru en aurait la jouissance jusqu'à sa mort.

Disons-le donc en finissant. S'il faut appliquer ici l'équitable maxime de Vauvenargues, qu'on ne doit pas juger d'un auteur par ses défauts, Boursault a des qualités bien faites pour tempérer les sévérités de la critique. Dans ces trop nombreux volumes d'œuvres inégales, il y a de beaux vers que je voudrais avoir le temps de citer : il y a aussi des idées justes, généreuses, comme il y a dans sa vie des traits touchants, vraiment dignes d'un honnête homme. Sachons-lui gré, après avoir commencé comme Pradon, d'avoir fini mieux que lui. Ce mérite, du moins, le tire de la foule des rimeurs obscurs. La droiture et l'élévation de ses sentiments l'ont sauvé de l'incurable vanité et de la médiocrité sans remède. C'est par là qu'après s'être égaré un moment, avec plus de bonne foi que de réflexion, à la suite des envieux de Molière et de Boileau, il en est venu à reconnaître et saluer en eux des maîtres. Il serait juste d'en faire honneur à son caractère, quand même son talent n'y aurait rien gagné.

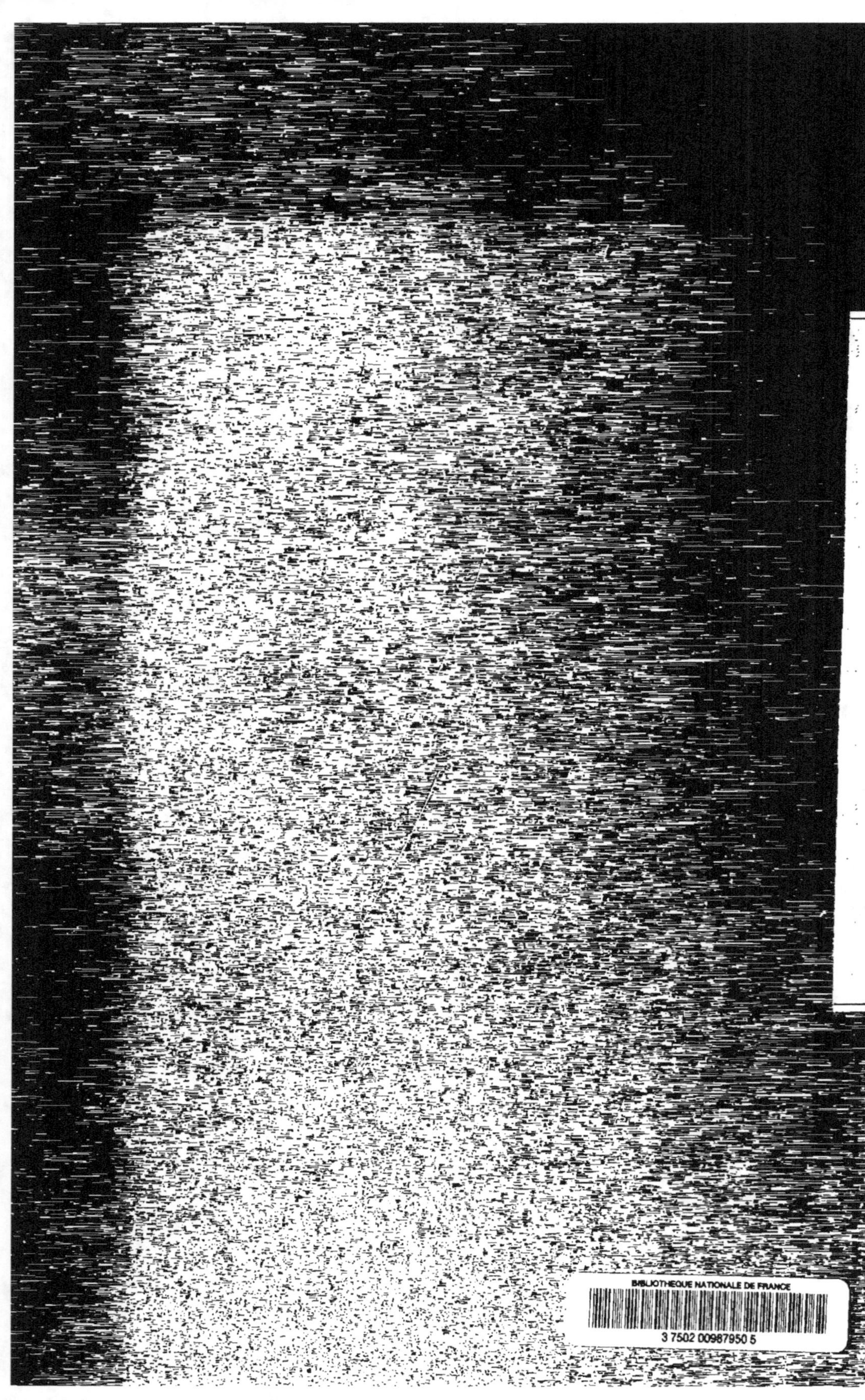